ISBN-13: 978-1530507382

ISBN-10: 1530507383

A Face Oculta do Sucesso

Jb.campos

DEDICATÓRIA

Dedico esta obra ao meu amigo: Ronaldo Silva e sua eminente família, pelos quais, nutro grande admiração!

1- PREÂMBULO AO SUCESSO

Em todos os nossos estudos aqui pautados temos de dar preferência ao ser, ou melhor, a você, amigo leitor:

Mais metafísico do que se possa imaginar

Mude a si mesmo

Esta pauta é: a de maior importância, pois, não terá muito sucesso em querer mudar a vida, sem mudar a si próprio!

A vida e mundo estão aí, como são, e ponto.

Você não pode fazer muito por eles, sem primeiro mudar sua maneira de agir, de ser, de se conduzir, posto que você é um espelho que irá refletir as atitudes do seu semelhante, e para refletir boa impressão terá de aprender assimilar, e transformar os erros do seu contato em acertos, ou seja: se alguém lhe emanar alguma ofensa, você deve transformar essa maldade em ato de amor, então estará mudando, revertendo o mal em bem, o que vai fazer a grande diferença de antipatia à simpatia.

É muito inteligente para o seu sucesso, quando não há revide, veja o que o ser iluminado: Jesus, o Cristo falou, sendo ratificado pelo grande apóstolo Paulo, quando escreveu aos romanos.

Lucas: 6
27 Mas a vós que ouvis, digo: Amai a [vossos inimigos], fazei bem aos que vos odeiam,

Romanos: 12
21 Não te deixes vencer do mal, mas vence o [mal com o bem].

Agir com amor, nada mais é, que tirar a arma da mão do seu inimigo.

E, ao ter o seu inimigo desarmado, com certeza terá ganho a luta.

Essa história de puxar o tapete do seu colega de trabalho, através de fofocas e mexericos, é desonesto, e vai atiçar a indignidade de seu oponente, é mais sábio deixá-lo sob a égide do amor.

Não vamos exagerar nesse amor, pois, amar implica em profunda sabedoria, note que o pai fustiga o filho que ama.

Não banque o cordeirinho, que está sendo levado ao matadouro, reaja com dignidade, porém, com muita calma, que é proveniente do amor.

Provérbios: 23
13 Não retires da criança a disciplina; porque, [fustiga]ndo-a tu com a vara, nem por isso morrerá.

14 Tu a [fustiga]rás com a vara e livrarás a sua alma do Seol.

- E, se você for religioso, e contra a vara, que tal o azorrague, ou o relho?

João: 2

15 e tendo feito um [azorrague] de cordas, lançou todos fora do templo, bem como as ovelhas e os bois; e espalhou o dinheiro dos cambistas, e virou-lhes as mesas;

Esta foi a atitude do ser mais amorável que por aqui apareceu, e para nos salvar, Jesus, o Cristo.

- Jamais confunda humildade com humilhação, tampouco se esqueça: você é um guerreiro da vida!

"Um quadro fala por mil palavras" – neste provérbio podemos entender que o seu exemplo sempre vai falar mais alto, posto que:
"O cipó acompanha o pau"
"Filho de peixe, peixinho é"

Naõ se esqueça: primeiro muda-se as partes para depois mudar o todo!

Você sempre encontrará uma barreira no seu caminho, e isto é válido para todos nós, que viemos parar aqui no planeta Terra, para afinar o nosso aprendizado, pois, esta vida não passa de mais uma escola na eternidade, embora, você possa pensar o contrário, o que nós respeitamos plenamente.

Permita-me falar na primeira pessoa: como escritor, sou pesquisador de assuntos extra-sensoriais.

Tenho-me dedicado por longos anos à meditação profunda de autoprospecção, para depois, fazê-lo com meus semelhantes através de técnicas da metafísica.

Vamos citar aqui um exemplo que a mim me é real, verdadeiro do ponto de vista fenomênico, alguém levado a uma de suas vidas pregressas, assinou seu nome em estado letárgico como personagem daquela respectiva vida passada.

Ao se verificar a assinatura de tal personagem com a do induzido, notou-se grande semelhança naquelas rubricas.

Um simples exemplo de um fenômeno de RM - Regressão de Memória de Vidas Passadas.

E, se fosse relatar fatos de psicopirogenia, (fogo espontâneo) – telecinergia – telepatia –psicografia –psicofonia... teríamos matéria pra mais de metro, a bem da verdade estou, ou estamos tratando de forças mentais humanas para que cheguemos ao sucesso sem mistificação, porém, há milagre que, ninguém pode explicar, como o milagre do seu próprio nascimento, e você há de concordar comigo, foi algo misterioso e poderoso, quando se sabe que uma frágil criança pode resistir tantas vicissitudes do seu nascimento ao seu crescimento e vida plena, após concorrer à uma vaga no vestibular da vida com mais de 200.000.000 – duzentos milhões de espermatozóides, então se alegre, meu irmão, você por si só já é vitorioso, você é o próprio sucesso desmistificado!

Se, existe algum mistério no seu sucesso, começa lá no seu nascimento...

Ao longo dos anos, experimentamos o sucesso integral, e nos perguntamos:

- Por que integral?

- Integral por estarmos bem com a vida, no sentido amplo, geral e irrestrito, e sem jamais esquecermos de frisar que, as tempestades fazem parte deste sucesso...

O tempo proceloso está sempre a nos açoitar, ele é o maior ensinamento que recebemos de Deus-Pai!

Imaginemo-nos timoneiros da nossa própria vida, esta embarcação não pode parar, e a sua manutenção deve ser feita veementemente no interregno desta nossa travessia.

Não devemos nunca desanimar, e quando cairmos, caiamo-nos em pé, posto que, saber perder é reconhecer com humildade o seu grande sucesso, pois, nada mais louvável do que o ato de aprender!

Vem calmaria, vem tempestade intempestiva, mas, elas todas se vão.

Então somos atletas na corrida da vida, ora descansamos e ora lutamos no caminho ao pódio do sucesso...

Todas as manhãs, quando levantamos para outra luta, mesmo porque, quando estamos dormindo, estamos sonhando e vivendo momentos inconscientes de resoluções de problemas mentais, justamente para as aplicarmos no nosso dia-a-dia.

Bem, vamos trocar esse fardo pesado, por um jugo mais leve, o qual convencionamos chamar de luta para resolução de problema, ou apenas problema, amenizando-o ainda mais... para aprendizado.

Neste aprendizado, nossa situação fica até meio jocosa, pois temos de começar como mestres para sentirmo-nos alunos...

Os problemas aparecem, e temos de resolvê-los, e sentimo-nos como verdadeiros alunos de cada resolução.

Existe aquele problema matemático que a escola nos ensina a resolvê-lo, pois, consideramo-lo empírico...

Mas, sobram aqueles problemas intrincados de ordem psicossomática, os quais, nem especialista resolve.

Então somos os resolutórios de muitos problemas internos e, que muitas vezes nós os criamos e temos de resolvê-los.

Na nossa natureza existe duas forças, que fazem o nosso aprendizado, a força positiva e a negativa.

A nossa maneira de pensar é extremamente importante...

Podemos através dela, sermos nossos amigos, nossos aliados, ou nossos inimigos a lutar contra nós mesmos e, produzirmos uma infinidade de situações absurdas.

Aqui cabem os verbetes como frustração, medo, negativismo, vergonha, ansiedade, ódio, rancor, concorrência, derrota, e faríamos um glossário se continuássemos a grafar substantivos e adjetivos abstratos...

Aqui neste livro vamos transmitir aquilo que aconteceu conosco, ou seja, com o autor, e sua família, e seus contatos, e amigos etc...

Meditamos profundamente sobre estes estados de espírito, pelos quais passamos no decorrer de cada minuto e década de nossas vidas.

Pudemos aprender que, todos estes sentimentos vibram em energias emanantes dos universos, considerando o macro e o micro universo, aos quais pertencemos e, enxergamos com os olhos do espírito, analisando que os sons siderais e ocultos fazem a grande diferenciação entre o derrotado e o bem sucedido ser humano.

O propósito sentimental desta obra é, desvendar o som oculto do nosso universo interior através da meditação profunda, que é necessidade intrínseca do ser humano, ou seja, percepção refinada dos sons que nos orientam nesta vida.

Estamos cansados de ouvir nossos mais eminentes irmãos nos dizerem que falam com anjos, ouvem as vozes dos desencarnados, e muitos dizem falar com Deus.

Não temos a menor dúvida desses fatos, conquanto, respeite-se um certo equilíbrio no cotidiano espiritual plasmado de cada um.

- Bem... para que serve os bens espirituais, a não ser para aplicá-los no nosso dia-a-dia envolvendo a nossa matéria, mesmo para que ela e o nosso espírito possam evoluir em direção ao caminho oculto da eternidade?

"Em terra de cego, quem tem um olho é rei"

Com plena certeza, isto é verdadeiro em terra de surdo também...

Existem pequenos detalhes de sutileza plena, e somente aqueles mais perspicazes apercebem-se destes fatos.

Temos vistos celebridades de todas as ordens e hordas, comportando-se a vida toda... como verdadeiros broncos estafermos, por lhes faltar a simples sensibilidade oculta.

O universo é formado de vibrações musicais, ora, ora, não precisamos entender muito de sonoridade para chegarmos à uma simples conclusão: Um forte e estrondoso som pode vibrar à tal intensidade, e derribar um edifício, ou estourar os nossos tímpanos!

Os decibéis são poderosos, haja vista os sons da natureza como o ribombar do trovão, ou o som do descortinar de uma cascata, são formidáveis forças produtoras de energias naturais.

O som produzido por um avião supersônico, estilhaça vidraças e muito mais...

E, se o som é um projétil invisível vibratório, então está em simbiose perfeita com o tempo e a distância.

Muito já ouvimos sobre a velocidade do som, e da luz...

Você perguntará:

O que tem a ver o som com o sucesso?

Tem tudo a ver!

Existe o som crônico, doentio, que vai se impregnando no seu ser, na sua alma, na sua mente e, vai delapidando o seu sistema neurológico, deixando você decrépito, vai minando a sua saúde mental, e por conseqüência, vai afetando o seu estado de espírito, ou o seu bom-humor, enfim vai somatizando o deletério em sua vida diária.

Obs: Este som crônico, é criado pela nossa maneira doentia de sentirmos a vida e seus problemas, portanto, afigura-se como um subterfúgio aos nossos desequilíbrio, que possivelmente queiramos botar para fora...

Podemos exemplificar situações típicas aparentemente desvencilhada do som, e da imagem como a qualquer rabujento, que tenha fobia à sujeira, e se implique com um palito de fósforo no piso de sua brilhante sala, e por este simples motivo venha a cometer um despautério contra a sua empregada doméstica, ou sua esposa.

Sabe por quê?

Porque somos pára-raios de energias, e não sabemos canalizar esses raios de ordem mentais, aterrando-os em seus respectivos lugares.

O elogio pode vir através do som das palavras proferidas, bem como o xingamento!

O pensamento do autor do encômio, ou do elogio cria uma vibração eletromagnética de forte desejo, verbalizando o som em palavras...

Por incrível que possa nos parecer... afirmamos: não existe música ruim, depende muito do nosso condicionamento mental, ou do nosso estado de espírito!

Ao ouvirmos um samba, dancemos samba, uma valsa, dancemos valsa, ou melhor dizendo: "Dancemos conforme a música", ou ainda, tenhamos: "Jogo de cintura" em qualquer situação que encontrarmo-nos nesta vida.

Um senhor afetado pelo ruído de um som musical:

Um jovem "desequilibrado", estava num logradouro público, e deixara o som do rádio de seu carro no último volume e, é repreendido por algum encanecido ranzinza, e com toda a razão, porém, não tendo dado ouvido à queixa daquele velho aposentado, e aquele senhor acaba perdendo as estribeiras, sacando de uma arma e comete um homicídio corriqueiro, atirando naquele jovem, além de atingir outras pessoas, temos vistos nos noticiários calamidades assim...

Agora, o velho assassino, irá amargar sons de cadeia pública, junto a marginais de todas as turbas sociais.

Não foi ridícula essa briga interior desse senhor, que perdeu o auto senso de juízo?

Embora estejamos sujeitos à tais vicissitudes da vida se não nos cuidarmos, portanto, é este o maior motivo de estarmos escrevendo esta obra... (EQUILÍBRIO)...

Não seria mais óbvio a esse senhor colocar um protetor auricular nos seus orifícios auditivos e ir distrair-se com algum outro afazer? - Já que, um protetor de látex espumoso custa uma bagatela qualquer de centavos...

Pensemos com clareza e lógica, numa tribo indígena, não há na sua realidade musical nenhum atrativo para nós os pseudos civilizados.

Esses silvícolas arrastam seus pés numa cadência militar, e tocam seus instrumentos à maneira repetitiva e muito cansativa.

Isto na nossa dedução lógica, mas, quiséramos possuir a sua honestidade e santimônia natural.

Posto que, há um respeito mútuo de ética na sua tribo.

Vivem na mesma oca, mulheres e homens, com a maior dignidade de respeito rígido, e ai daquele que desrespeitar a regra natural de vida, ou da sua filosofia de vida, pois, o castigo será ponto pacífico!

O seu consenso ético é formidável, comparando-se a nós, povo branco, inteligente, formado de cultas criaturas dos dias hodiernos, e que deixa seus irmãos na miséria a morrer de fome, além de desrespeitar suas famílias etc...

Além de ser possuidor de profissionais dotados de grande intelectualidade, que se doam por inteiro aos direitos humanos, mas, a situação da nossa sociedade continua realmente calamitosa e muito pior do que qualquer clã selvagem... Sempre estamos comparando o assunto musical com nossos atos diários... para avaliarmos que, temos de saber ouvir a música com o nosso estado de espírito adequado!

O som está extremamente ligado à imagem, bem como ao paladar e ao olfato, pois, podemos perfeitamente em nossas lembranças, e em nossos devaneios senti-los com grande precisão!

Incluímos neste contexto o sentimento, "mentor" principal, que se chama lembrança, ou recordação, mente, alma, consciência, espírito, e... seja lá o que for, porém o sentimos!

Poderíamos aqui dar muitos nomes aos bois, porém, será muito interessante se atingirmos a nossa meta de transmitir a idéia, que por si só é complicada, pois, não estamos aqui demonstrando um automóvel do ano com seus acessórios palpáveis, e sim, estamos tratando de sentimentos etéreos, invisíveis, impalpáveis etc...

Voltando à natureza e seus sons, sentimos a verdadeira sinfonia de natureza telúrica, pertencente à terra, na qual nós habitamos, e encontramos sons desagradáveis nesta natureza a exemplo de uma cigarra, ou muitas delas atanazando nossos ouvidos com aquele som esganiçado e intermitente, bem como o trinado de um chupim, que mais parece um regurgitar de som miasmático, que nos perdoe a mãe natureza etc...

Depende muito de como se sente qualquer tipo de sonoridade, a prova cabal disto está no exemplo indígena, que aventamos anteriormente, pois, estão eles condicionados, até pela sua própria natureza de índio àquela sonoridade pacifica que lhe aplaca o coração, ou a alma etc...

Um grande déspota da humanidade, muito conhecido, Adolf Hitler era apaixonado pelas artes plásticas e músicas eruditas, aliás, era ele natural do celeiro da musica erudita, a Áustria.

Podemos presenciar atitudes desconsertantes de celebridades concertantes no sentido literal da musicalidade erudita, agirem grotescamente...

O cosmos se nos parece ser construído pelo divino som universal, claro que, sem a nossa tacanha interpretação.

O zunir do vento, nos faz ver o baloiçar da palmeira, o calor do sol nos faz vislumbrar a energia de seus raios vibrando no estalar dos vegetais ressequidos, rachando, acompanhado de sonoras cigarras e, tudo isto é maravilhoso, como o cheiro do gás carbônico mesclado com o odor do tisnado asfalto, produzido pela orquestração maravilhosa dos roncos de motores, e o farfalhar de transeuntes com suas preocupações pela sobrevivência.

Esses preocupados seres que estão nessa parafernália de afazeres, nem sequer se apercebem desses sons, e de seus odores, pois, estão eles completamente embevecidos com a luta acirrada de seus trabalhos profissionais.

É fato corriqueiro ouvirmos os profissionais já aposentados, corredores de fórmula um, ou mundial, sentirem enorme falta dos roncos daqueles motores potentes e ensurdecedores.

Semelhantemente usa-se a música suave e erudita nos consultórios médicos, já como um preventivo profilático da mente auditiva, somatizando um bem-estar ao corpo físico do paciente e até do profissional da área médica.

O condicionamento da mente humana, que acaba psicossomatizando uma condição de vida, demonstra-nos que o buraco é mais embaixo, tanto que, se tirarmos o diabo do inferno e o colocarmos no reino dos céus, ele irá se sentir muito mal, as energias não se coadunarão entre si...

Como não dá para se misturar água com óleo, açúcar com sal, pois, são elementos que não dão liga... porém, são imprescindíveis ao crescimento e à evolução humana.

O trabalho é algo necessário, para nossa devida distração, ou melhor: é o mata-tempo natural do homem, sem o trabalho, que no fundo é o seu entretenimento, principalmente quando se sente o prazer em trabalhar...

O próprio desejo de trabalhar feliz, já redunda no maior sucesso da vida humana.

Por muito que você nada faça, estará fazendo muito, mesmo que seja algo pernicioso, embora isto lhe traga dissabores futuros, aumentando o seu trabalho para resgatar os malefícios de suas atitudes mentais plasmadas.

A mente está inquieta, a natureza deu-lha o direito de criar, sempre criar, constantemente criar, em favor do bem ou do mal, aqui é que o bicho pega, estamos entrando no mundo consciencial, há de se ter consciência para a evolução d'alma.

Então a tal aposentadoria é uma farsa, tal qual a morte, elas inexistem, é a mais pura balela, muda-se apenas os cães, porém as pulgas são as mesmas...

EXPERIÊNCIA

Numa praça do centro nervoso de uma das maiores cidades do mundo, sentamos num banco, e já preparados para estudarmos a sonoridade dessa megalópole, considerando-a um corpo vivo do planeta terra, semelhante ao nosso corpo físico com seus seres viventes e barulhentos...

É bom que frisemos: estávamos preparados psicologicamente e, despojados de qualquer objeto que chamasse a atenção de qualquer bandido que porventura pudesse nos molestar etc...

Então, inspiramos e espiramos profundamente, e fomos comandando o nosso sistema nervoso, até chegarmos ao estado de profunda catarse e, pudemos ouvir o som orquestrado e maravilhoso desta vida com seus concertos e desconsertos...

Estado catártico, é quando entramos em contato psicoterápico com nosso mundo interior, onde se processa a cura d'alma, ou mental, através da paz interior, e com este processo perdemos o medo, a maior doença que assola a humanidade.

Existe a fobia pela vida, e o medo natural de preservação da espécie, são coisas distintas, e, é necessário que saibamos entendê-las diferenciando uma da outra.

Voltemos à meditação cosmopolita, aquela que se pode praticar em qualquer canto do universo.

Não sentimos aquele estresse tão famigerado, que afeta realmente o ser humano desprovido da preparação consciente de viver.

Amigo leitor, note a diferença entre o ser humano que vive atabalhoadamente atrás dos bens materiais e, daquele que se prepara com calma para ganhar os bens materiais.

Ao mínimo, aqui descarta-se o grande sofrimento sem causa, daquele que entra no desequilíbrio da maioria.

Sem nenhuma rivalidade, nós tivemos a disciplina de pararmos para analisar o nosso universo interior e, pudemos concluir que, somos vencedores pela benesse divina em precatarmo-nos com o nosso grande inimigo, nós mesmos!

Caro leitor, Jamais se esqueça: - o seu inimigo chama-se: VOCÊ!

E, desnecessário dizer que o meu: chama-se: EU!

A grande verdade disto tudo está na simples visão de enxergarmos que somos unos!

Somente pela sutileza profunda podemos permanecer conscientes vinte e quatro horas por dia de que somos um aglomerado infinito de vidas.

Você amigo leitor, com certeza já prestou atenção nos seres viventes, e como são eles barulhentos... a natureza é barulhenta.

Porém, convencionamos a chamar esse barulho de musicalidade da natureza, e por isso ela torna-se nossa aliada, no nosso relaxamento psicossomático.

Falemos de uma simples coisa bucólica, um monjolo por exemplo...

Quando chegamos num rincão qualquer, e no meio musical da natureza deparamos com um monjolo e uma roda d'água, produzindo seus sons peculiares, e muitas vezes desnecessários a nós, irritadiços citadinos.

O nosso corpo físico com bilhões e bilhões de vidas, faz realmente um estrondoso som.

Imaginemos o nosso coração esguichando o nosso sangue por todos os recantos do nosso corpo, e o transcorrer desse sangue pelos seus vasos, e moléculas em guerra perenal pela sobrevivência, quanta musicalidade...

Na meditação profunda, aquela chamada também de transcendental, chegamos ao ápice da percepção extra-sensorial e, ouvimos muitos sons maravilhosos, produtos da matéria sutil, até aproximarmo-nos do éter, ou do universo etéreo, através de viagens astrais.

1 - A EXTERIORIZAÇÃO DO SOM

Caro leitor, deite-se de costas num confortável tapete onde você não sinta frio, calor, dor, medo, nem som algum, porém, esteja extremamente solitário e confortável.

Procure prestar atenção no seu batimento cardíaco, e vá se aprofundando paulatinamente nesse som cadenciado do seu coração

Não se preocupe com o tempo e, não deixe que seu grande inimigo, que é a sua inteligência mental, atravessar-lhe o caminho.

Vá ouvindo com profundidade o seu coração.

Chegará o momento em que você irá ouvi-lo bater muito forte e alto como o ribombar de um tambor, e chegará ao ponto de desistir, pois, verá que esse som irá explodi-lo na sua totalidade.

Sabe, amigo, tudo depende do seu condicionamento mental, conforme a sua forma de meditar, poderá ouvir o ínfimo som do andar de uma formiga como se fora o atropelar de uma grande manada de cavalos em disparada.

EXPERIÊNCIA

Deixemos de falar um pouco no plural, então permita-me falar do autor e uma experiência comum:

No recôndito do meu aposento, deitei-me, afrouxando minhas roupas, descalçando-me os pés, inspirando e espirando com profundidade, cheguei ao estado almejado de consciência e, uma mosca voava sobre meu corpo estendido ao solo, e com a concentração no seu revoar, a ressonância sonora de suas pequeninas asas, foi tornando-se em um som amplificado ao ponto de se tornar estrondoso, então pude verificar naquele momento que, podemos ouvir com muito mais acuidade os sons que possam-nos interessar na nossa lide diária.

Eis, os dotes latentes em você, que podem fazê-lo diferente dos demais, que não se preocupam com assuntos da alma, ou da consciência refinada do seu eu interior...

O seu grande interesse concentrado no som inaudível, será plenamente possível a você ouvi-lo.

Então você ouvirá informações preciosas como prospector do seu contanto, ganhando a sua grande empatia, esta é a grande porta para o seu sucesso consciente.

Se você se condicionou a ouvir o calmante mantram do bater pautado de um monjolo, ou o tic-tac de um relógio, você atingiu um grande controle emocional.

Aliás, fato notório, posto que, a música indiana e adjacente, não é nada eclética, sendo considerada pobre na sua essência, mal comparada à dos índios, dos quais comentamos anteriormente, porém, ajuda o hindu chegar ao estado de bem-aventurança, ou nirvana.

Esta comparação musical é importante, pois, a música ocidental e composta de muitos arranjos e improvisos, diferindo da musica oriental.

Sabemos que, muitas torturas foram feitas com os sons repetitivos de um despertador, ou o gotejar de uma torneira, pingando dentro de uma bacia de metal para que o facínora revelasse o seu crime, e com relativo sucesso, não fora a maldade com que se faz brotar de dentro do torturado, o seu criminoso interior etc...

A tortura psicológica parece-nos ser a mais dolorosa.

Haja vista os panelaços praticados pelas donas de casa contra algum abuso do estado etc...

Numa partida de futebol, muitos jogos são ganhos no grito da torcida organizada.

Partindo de todos esses exemplos, não podemos duvidar que a nossa mente auditiva possa ultrapassar fronteiras e captar muitas informações de relevada importância ao nosso sucesso.

É apenas um forma refinada e sutil de observarmos os sons, produzidos muitas vezes pelos elementos que estamos vendo, ou não.

Então partimos da premissa:

Ouvir os sons pela concentração profunda é, enxergar imagens, que seres destreinados não ouvem... Este jogo com as palavras não se trata de erro crasso, não, é realmente desta forma que escutamos e vemos, e na realidade trata-se de sentimentos inexplicáveis.

Bem, já sabemos que o nosso físico é composto de seres viventes, os neurônios, os vírus, os anticorpos, as células, os hormônios, que nos produzem conforto e desconforto, e eles são afetados pela maneira como sentimos e decodificamos situações externas.

Quando nos alegramos com alguma situação, essa alegria faz com que esses seres produzam o conforto da beta endorfina da dopamina, que a nós nos trazem o conforto, e quando somos atacados pela tristeza, eles, os seres habitantes obscuros do nosso físico produzem toxinas, que nos conduzem ao deletério...

Estamos falando do físico, mas, ao nos aprofundarmos mais ainda na meditação chegaremos ao etéreo mundo dos amparadores e mentores espirituais que, cuidam de uma facção desse maravilhoso universo que é você na sua integralidade, amigo...

Todavia, todos esses seres produzem sons, e comunicam-se entre si, pois, são seres inteligentes que cuidam do universo, e para se comunicar fazem ruídos musicais.

Agora começamos a ter uma pequeníssima percepção da música e dos seus efeitos.

Às vezes nos perguntamos, por que gostamos de ouvir uma música, ela não tem voz, apenas é um som, ou um conjunto de sons, acontece que, as vibrações desses sons conversam com o nosso ego, psique, alma, mente... numa linguagem que não exteriorizou-se aos nossos rudes conhecimentos plasmados.

A maior comunicação está entrelaçada à vida, e como explicar esta comunicação através de orgasmos entre dois seres que produzirão um terceiro ser.

E, essa má comunicação produz a maior barbárie da humanidade.

Faz-se muita maldade pelo sexo, que está muito ligado ao medo, ao som, à morte, à visão etc...

A grande façanha é, explicar o orgasmo... que produz vida e morte...

A natureza está aí, os animais se matam por um orgasmo, e o ser humano também...

O mesmo acontece com os sentimentos musicais e visuais, não podemos explicá-los.

O amor, o ódio, o ciúme, a inveja etc... são sentimentos que não podemos traduzir, apenas sentir...

2 - CONSCIENTIZAÇÃO CÓSMICA

Sempre que falamos em cosmos, é para se falar do infinito universo, tanto no sentido macro, como micro.

No macrocosmo temos as moléculas de um corpo universal, que são as estrelas, planetas etc...

No microcosmo temos um universo semelhante, com suas moléculas, que subdividem-se em partículas, que formam um corpo humano e animal.

O nosso universo interior é tão infinito quanto o exterior...

A nossa mente é muito poderosa, apesar de não a enxergamos, mas, pensemos de maneira grosseira, uma enorme jamanta com toneladas de carga é levantada com muita facilidade por um simples macaco hidráulico.

Assim é a mente humana, com ela o homem fez mudanças fenomenais no planeta, e até pode destruí-lo se quiser.

No momento em que tivermos essa percepção poderosa, então nada mais nos será impossível.

Cientificamente já se falou sobre todos os sons emitidos e, que eles ficam impregnados em algum canto do universo.

Ondas de rádio, invisíveis transportam e captam o som a qualquer distância que conhecemos.

Virtualmente recebemos informações espetaculares, por muitas maneiras eletrônicas...

O nosso corpo é eletromagnético, proporcionando-nos a telepatia, ou a comunicação visual, auditiva e mental, independente de distância, pena que, sendo um dom natural de todos os seres humanos, mulheres e homens, poucos sabem utilizá-lo.

Quantas vezes você deixou passar desapercebidos fatos corriqueiros como, você está para virar uma esquina e, está pensando em alguém, e surpreende-se com esse alguém de supetão.

Então você cumprimenta o seu conhecido e ainda lhe fala:

- Você não morre mais, estava pensando em você neste instante, que coincidência... hein!

Recebemos informações a todo o instante, apenas deixamos passá-las como um mero acaso natural, ou seja, não sabemos usufruir dos bens naturais que Deus nos legou.

As informações nos chegam de infinitas maneiras, e ficamos perdidos com elas, sendo que, assim como devemos organizar a nossa vida, praticando nossos afazeres dentro de uma racionalização, devemos mais ainda organizar a nossa mente, porque tudo aquilo que nos pertence, depende radicalmente da nossa mente.

Se você prezado leitor, a quem obviamente estamos escrevendo estas palavras, prestar bastante atenção nos filmes que você vê, nas palavras e musicas que você ouve, na presença de alguém chegando perto de você, naquilo que você estava pensando anteriormente, no sonho que você sonhou literalmente, e, fizer uma ligação com todos esses fatos, descobrirá de maneira analítica que, existe uma ampla ligação com todos esses fatos, e abrir-se-lhe-ão as portas do sucesso.

Você com certeza terá na estrada da sua vida mais luz, poderá ver melhor, e não se esqueça, se você estiver "em terra de cego, com apenas um olho, você será rei"...

Existe na natureza leis que regem todos os nossos atos, o sol nasce e morre todos os dias, e nós também, acredite... a cada minuto você sofre uma metamorfose imperceptível e sutil até chegar na idade provecta, que é, encanecer-se com sabedoria...

3 - VIAGEM ASTRAL

Através da meditação consciente, entra-se num torpor, num devaneio, até se chegar a um sonho real... então começa-se a sair do corpo, ora dirá você:

O quê começa a sair do corpo?

Bem... chame do que quiser, chame de alma, chame de espírito, porém, na realidade vê-se saindo do corpo material um corpo sutil feito à fumaça, ou melhor ainda, um corpo transparente e congruente com o corpo físico, a alma voa e entra em qualquer lugar, contanto que se respeite a cosmoética.

Amigo leitor, ao você praticar este exercício de conscientização mental, entrará para uma outra dimensão, e verá o seu interior despregar-se do seu corpo viscoso de matéria densa e pesada, e como uma pluma sairá para o grande aprendizado.

Quando você dorme, seu corpo astral sai para planos etéricos, e encontra-se com os mestres do bem e do mal, aí você faz suas escolhas, plasmando a sua bondade, ou maldade aqui na vida terrena.

Se você tem medo de meditar, e de sair fora do seu corpo, não tenha medo, pois, inconscientemente o faz todas as noites em que dorme, tendo seus sonhos paradisíacos, ou seus pesadelos.

A forma etérea é a mesma do seu corpo físico, porém, com o tempo poderá ir transformando-se no que desejar, talvez num ínfimo ponto luminoso.

Poderá pervagar aqui por este mundo terreno, percorrendo os mais indescritíveis lugares por onde nunca andou.

Sentirá odores de perfumes que nunca sentiu, verá cores em seus matizes inefáveis, ouvirá os mais variáveis sons etéreos, encontrar-se-á com formidáveis mentores e mestres, e aprenderá a apreender no seu sentido normal, ou na sua consciência mental, seus valiosos ensinamentos para praticá-los aqui na vida terrena.

Todo esse melífluo resultado do astral virá com você a este nosso plano terreno, e naturalmente que, você terá aquilo que se chama carisma, bela palavra, porém sem tradução, pois nela se insere odoríficos perfumes e maravilhosos matizes plasmados no seu físico, tornando-o persona grata dentro de qualquer reunião, pois, terá as atenções voltadas a você.

Que bom que você agora, começa a ter um pouco dessa consciência...

O resultado está no seu bom pensamento, a mente cristalina é o alvo inicial e preponderante para que se chegue a esse nirvana de esplendor.

Ao começar o relaxamento profundo, deixe de pensar, se isso lhe for possível, ou treine para conseguir essa façanha, e nos lapsos de segundo em que conseguir, irá ter uma eternidade de aprendizado astral.

A impressão de tempo somente existe na nossa mente terrena, pois, fomos condicionados aos horários, e mesmo que não usássemos as ampulhetas do tempo, existiria o nosso relógio biológico a nos vigiar em prol da nossa sobrevivência.

Queremos dizer com isto, que uma fração de segundo pode durar muito tempo, mas, muito tempo mesmo, no momento de transe profundo.

Talvez aproxime-se de longe este estado de espírito, daquele quando você teve aquela inspiração para falar em algum lugar, palavras, das quais, você mesmo pode ter se admirado, e se perguntado... de onde procedera tanta eloqüência, ou daquele trabalho que foi muito elogiado, e você se inflou, gostando sobremaneira, porém, não se apercebera que, seus amparadores estavam ao seu lado, ajudando na sua empreitada.

A chamada distração, ou devaneio, nem sempre tem exatamente esta tradução, às vezes você se pega conversando com... sabe-se-lá quem, numa negociação ferrenha, e as cores e os sons se fazem presentes, e você mesmo nem dá conta de que está realizando o seu grande sonho, que logo se concretizará, posto que, você está dialogando com o mensageiro do seu interlocutor, do seu contato físico etc...

Muitas vezes rimos de alguém, que, no trânsito de um engarrafamento fala sozinho, às vezes ri etc...

Mal sabemos que aquela pessoa está preste a realizar seu sonho, como aquele cantor de banheiro, que distraído cantarola como um afinado canário, e logo mais é descoberto por seu empresário e conquista o seu grande sonho.

4 - SOM, O PRODUTOR DE IMAGEM

Ao você ouvir uma música, vislumbra imagens mil...

São detalhes importantes, pois, tanto a imagem como o som têm suas linguagens próprias.

E, isto serve para todos os demais sentidos.

Ao ouvirmos o hino nacional, podemos vislumbrar o exército brasileiro em suas paradas militares no planalto lá de Brasília, ou outras imagens.

Ao ouvirmos um samba, poderemos enxergar um morro e suas favelas com pessoas alegres a sambar...

Pela lógica, podemos pela música, que alguém ouve, analisarmos parte de sua personalidade e, isto nos ajudará, e muito, no contato pessoal com essa pessoa.

Bem, o que torna mais interessante nestes sentidos é, que você tenha essa consciência e, que possa falar esses idiomas e traduzi-los.

Você conjetura novamente:

Como poderia ser essa tradução?

Aqui entra um novo sentido, a inspiração entusiástica, quase que automaticamente, porém consciente, como se você estivesse dirigindo o seu carro, e atento aos detalhes mais importante, como o farol, o radar, outros veículos, o trânsito etc...

Mas, você continua dirigindo-o com muita precisão...

Assim será a sua ação mental, você alça vôo mais alto do que a normalidade aqui existente.

Você começa a enxergar mais longe, sem pejorar o seu amado irmão de viagem, apenas estará construindo um mundo melhor para todos.

Mesmo que não haja música num ambiente, você poderá detectar o seu som, em vibrato de sutileza refinada, e poderá vislumbrar imagens que são os sinais "semafóricos" para você tomar atitudes, ou não, não se atenha muito ao nosso vernáculo, estamos mais interessados em que você capte a nossa mensagem...

O cão tem uma audição aguçada, e nós o utilizamos para guardar nossos lares, tanto que, todos conhecemos um apito para cães que, apesar de apitarmo-lo não ouvimos o seu silvo, porém, o cão escuta-o com precisão e vem atendê-lo.

Então, além de não sabermos decodificar esse som que o cão sabe e ouve, não podemos socialmente fazermo-nos acompanhar daquele belo pastor alemão, nosso grande amigo que deixamos lá em casa, não é mesmo!

Vigilância mental, este é um tema de muita importância, vamos aproveitar o gancho para falarmos de cão de guarda, ou de qualquer cão que, por seu instinto, é o próprio guarda fiel do seu dono.

Você adestrou o seu cão de modo que, ele só falta falar mesmo, com você, obediente atende perfeitamente todas suas ordens, então você sente-se a pessoa mais segura do mundo dentro do seu lar.

Porém, você adestrou a mente do seu cão, mas vacilou feio, esquecendo-se de doutrinar a sua mente.

Uma noite desastrosa o seu cão ladra demasiadamente e, você nem se dá conta disso, e poderá ser que algum ladrão esteja rondando a sua casa e, quiçá, não tenha feito o pior, você sabe do que nós nos referimos. - Não sabe?

Então medite profundamente e chegue à consciência de observar minudentemente a vida em seus detalhes...

5 - VOCÊ, O ANALISTA

Você pode perceber se alguém está triste, alegre, com profunda depressão etc...

Aquele que se encontra depressivo, geralmente não quer admitir o seu precário estado de espírito, e tenta por todas as maneiras disfarçar, porém, fazendo parte da maioria, isto lhe é impossível, ficando "pior a emenda do que o soneto".

Nada substitui a naturalidade espontânea do ser humano.

Aqueles que conhecem pela prática do dia-a-dia, pode disfarçar seus problemas rindo desmedidamente, falando em demasia, batendo o pé no chão, girando a caneta em cima de sua escrivaninha de trabalho, e vai por aí a fora...

Se você quer ter sucesso na vida, a melhor maneira de você tê-lo é, ser profundamente analítico, porém, jamais expor suas críticas analíticas...

Como diria o poeta: "As feias que me perdoem, mas a beleza é fundamental".

Sem sermos radicais, pois, essa beleza é de cunho particular e relativo, pois, conhecemos um monte de feios... extremamente carismáticos.

Quando alguém, com quem você vai contatar, é áspero, amargo, e outras mazelas mais, preste atenção nas causas de seus problemas...

Analise-o humanamente, colocando-se no seu lugar, essa pessoa pode ter um coração de ouro, uma bondade desmesurada, porém, sua frustração é tamanha que ela não pode enxergar, então enxergue você... e faça-a feliz de alguma maneira criativa, vá buscar essa criatividade lá nas suas entranhas, no imo de sua alma, no mais profundo do seu ego, da sua psique, ou peça a Deus para ajudá-los.

Diante do seu prospecto, você fará um milhão de julgamentos sobre ele, e ficará curioso em saber a seu respeito, até para poder se comunicar melhor com ele...

Essas análises não podem ser precipitadas, pois, nem sempre "aquilo que brilha, é ouro"... e bem por isto está você aí para desvendar mistérios, como se fosse um detetive da alma do seu interlocutor.

Ao você ver alguma deformação facial no seu cliente, você não precisa ser muito inteligente para saber que aqueles cortes, aquelas cicatrizes incomodam esse ser humano.

Nem um pai gosta de ter um filho desencaminhado, e isto parece não escolher classes sociais, em todos os cantos lá está o descalabro acontecendo.

Você, além de cuidar dos seus problemas, terá de cuidar dos problemas alheios, se por acaso estiver interessado em algum sucesso.

6 - AUTO-CONTROLE

Depois de algum tempo de meditação profunda, você vai se entregando aos cuidados da sua natureza, e esse afrouxamento eleva o seu espírito à condição especial de comunicador com seus irmãos.

Os sons e imagens começam aparecer mais claramente em sua mente e você começa a ficar mais sensitivo.

Os cientistas no assunto afirmam que, isto é uma terapia à libertação catártica e à resolução de sentimentos indeterminados.

Labirintos metafóricos permeiam a nossa alma, portanto, como já exprimiu o antigo filósofo, sobre a nossa imaginação e a nossa vã filosofia, porém, devemos continuar a eterna busca.

Atitudes sempre devem ser tomadas, a inércia não nos levará à nada, podemos saber muito, mas praticar pouco, então essa sapiência fica guardada, apesar de o saber não ocupar espaço, mesmo assim, trabalhemos na manutenção do autocontrole.

Desperte o verdadeiro eu, que está dentro de você, pelo inocente estado de espontaneidade, deixe fluir sem medo, seja semelhante ao humano de nascimento, porém com a sua experiência de vida.

Seja seguro em qualquer situação, é a única maneira de você não demonstrar fraqueza, mesmo porque, agora você mantém o autocontrole.

Neste pequeno livro falamos um pouco da face oculta do sucesso, ou seja, se usássemos um pouco além do nosso terceiro décimo mental, seríamos gênios...

Você é, a somatória de muitas vidas, e como já cansamos de escrever, e de falar, você é um cabedal de grande conhecimento, falta-lhe talvez a avidez de se encontrar, para daí fazer uso de seus conhecimentos ocultos, portanto, extra-sensoriais.

Saia da inércia, embora ela seja aparente, porém, na natureza nada está estático, parado, tudo se movimenta, e o seu sucesso depende da sua ação, então não vá se esquecer, aja...

Atrelamos esta apresentação à Face oculta do sucesso, como complemento imprescindível ao mundo empresarial.

Apresentação motivacional

Após escrever dezenas de obras, sinto-me compungido por ter a mim me prometido não mais escrever, até porque, se me parece uma compulsividade danosa, mas, ponderei muito sobre o assunto e, cheguei à conclusão de que não há mal algum em ser viciado em escrever, em me comparando com muitos outros seres humanos e outros vícios...

E como mais um ser humano, cheio de defeitos, espero ser perdoado por este vício, pois, devo pecar muito com as palavras, porém, creia meu amigo, se peco, o faço involuntariamente, pois, jamais vou querer carregar a sua cruz, pois, a mim já me basta a minha.

Nesta obra de apresentação motivacional, está disposta a função do autor e sua equipe, em cuidar do seu semelhante, como a gema de um diamante, tal a importância que se deve dar ao ser humano, posto que o autor obviamente é humano, até plagiando o escritor-filósofo, "Nietztche":

"Demasiadamente humano"...

O nosso escopo é, preparar o leitor a autovalorizar-se de acordo com sua capacidade humana, fazendo uso pleno de seu cérebro, que é a central regente de todo o seu corpo físico.

Toda criatividade começa pelo pensamento.

Bom pensamento – boa criatividade.

Mau pensamento – má criatividade.

Aqui temos a guerra entre o bem e o mal.

Esta guerra gera a famigerada doença, posto que, ao se possuir um pouco de evolução mental, existirá uma guerra interna com a externa, mente e corpo.

Claro que estamos tratando de atitudes entre seres humanos...

Bom-senso e contra senso.

A dor na consciência é conhecida como tal doença.

Aliás, é a doença da modernidade, onde a luta pela conquista de bens materiais exacerbou-se sobremaneira.

Quiçá, a redundância toda, você, amigo leitor tenha esta consciência, para poupar-lhe o sofrimento.

Equilíbrio, é o remédio.

O ser equilibrado está muitas léguas à frente da maioria.

Tenha boa leitura e assimilação.

Sucesso!

Campos

A Nossa Missão:

Aqui especificamente, queremos transmitir algumas fórmulas que podem orientá-lo ao sucesso profissional, cujas experiências práticas foram cunhadas na vida do próprio autor.

Quando tratamos do empresário, não se engane, pois, você é um gestor de suas próprias atitudes, portanto, é o seu empresário pessoal.

O nosso trabalho está fundamentado nas técnicas de introspecção humana, onde se ocultam nossos tesouros, e concomitantemente nossos fantasmas, ou inimigos ocultos, portanto, para entendermos o nosso sucesso, ou insucesso, temos de rebuscar os pormenores acontecimentos internos para compreendermos os externos...

Afirmamos que, o nosso bem-estar está em mais de 90 % no nosso interior...

Temos duas maneiras de ver:

Visão interior
Visão exterior...

Com a administração destas duas visões podemos enxergar nossos fantasmas interiores, que acabam plasmando nossos medos, desequilibrando nossas atitudes, afetando a nossa saúde psicossomática, e quase sempre causando desentendimento entre os membros de uma sociedade...

Os Fantasmas do Mundo Empresarial

Vamos tecer comentários sobre três itens de suma importância na vida empresarial, os quais podem se tornar os grandes fantasmas do empresário...

Responsabilidade
Tempo
Dinheiro

Na Responsabilidade envolve todas as obrigações do empresário, desde a higienização ambiental, até ao mais simples ato de saldar o menor compromisso!

Neste tópico pode começar a via-crúcis do empresário, e o tormento pode chegar às raias do desequilíbrio!

Grupos de Problemas Empresariais

Responsabilidades:

Aquisições:

Depto de Compras
Equipamentos
Desenvolvimento

Cipa:

Segurança do trabalho
Conscientização do funcionário

Acidentes de trabalho

CLT:

Encargos Sociais
Acordos
Intransigências

Contas:

Contas a pagar
Contas a receber
Inadimplências

Concorrência:

Embora muitos não admitam, é algo que perturba, que nos consterna, qualquer que seja o avanço do concorrente, por menor que seja, muitas vezes bem inferior ao nosso, é o que basta para nos incomodar.

Logística:

Entrega
Recebimento
Estoque

Imposto:

Novamente uma infinidade de encargos, sendo desnecessário listá-los aqui

Faturamento:

Vendas
Mercado

Sócios:

Divergência de idéias

Falta de coesão

No Tempo se encontra uma outra forma de ansiedade, tem-se de correr muito para cumprir com a dita responsabilidade, nossos caminhos hoje em dia estão congestionados.

Engarrafamentos e filas se formam no nosso dia-a-dia.

Realmente é impressionante a falta de tempo do executivo, é um corre-corre sem limites, que pode lhe causar o estresse empresarial, afetando assim o grupo.

Falta de Tempo:

Um dos maiores problemas na vida do empresário reside justamente em não poder estar em vários lugares ao mesmo tempo, surge então a necessidade de delegar poderes, muito bem, isso é possível dentro da empresa.

- Mas, e fora da empresa, compromissos intransferíveis, como fazer?

Falta de Dinheiro:

No Dinheiro está a maior causa de todos os desejos conquistados, ou não, quase todas as conquistas materiais estão embasadas no dinheiro, que por conseqüência depende do mundo empresarial.

Eis a espada de dois gumes, que corta de dois lados. Ele, o dinheiro, pode ser parte da solução, como um crucial problema para a empresa, isto depende de como administrá-lo...

Aqui encontram-se todos os itens de problemas diretamente ligados, ou seja, um reforço aos problemas do primeiro grupo, sem responsabilidade não se tem dinheiro, sem dinheiro não se tem responsabilidade...

Diversos:

Toda sorte de problemas que existe na vida de qualquer ser humano, mas na vida de um empresário o peso dos problemas é maior, devido aos deveres e obrigações assumidos por ele, culminam inevitavelmente no estresse.

Deduzimos então que, entre outros, estes três itens são preponderantes à saúde do empresário e de seus adjacentes seres humanos que, importam seus colaboradores, amigos e até mesmo sua amada família etc...

O sucesso de dentro para fora

A chave do seu sucesso está no seu interior!

Propomos nesta apresentação um glossário, que vai mudar a sua maneira de enxergar sua vida de empresário, e de ser humano global!

Resumimos drasticamente essas sugestões que estão grafadas no livro: "O sucesso a cada segundo" - do autor: a saber:

01 - Tenha ação!

02 - Nunca tenha medo!

03 - Enfrente os problemas do dia-a-dia!

04 - Seja humilde e analise opiniões!

05 - Nunca deixe nada para depois!

06 - Execute um projeto de cada vez!

07 - Agende todos os seus compromissos!

08 - Conserve o seu ambiente de trabalho limpo!

09 - Arquive seus documentos!

10 - Faça uso da informática!

11 - Pratique o relaxamento!

12 - Seja um observador silente!

13 - Use a criatividade latente em você!

14 - Use a paranormalidade!

15 - Seja diferente!

Você, a grande maravilha!

Perdoe-nos, deixamos de incluir VOCÊ nessa relação, pois, sem VOCÊ não existiriam essas maravilhas.

Elas estão impregnadas no seu âmago, estão latentes no seu cérebro, coração e alma.

Um

Tenha ação:

Até para você nascer... Teve de trabalhar contra seus concorrentes, uma porção quase incontável de espermatozóides, todavia, não se deixou abater pelo desânimo, lutando até conseguir a vitória pela vida.

O embasamento existe em qualquer situação ou causa, portanto, sempre tomamos por base estes quinze mandamentos para se alcançar o sucesso na nossa vida profissional e familiar, estes são dois pontos primordiais que norteiam a vida humana, claro que não abjuramos jamais seus ideais filosóficos de vida, na sua maneira de viver, mas, no geral, sempre existiu o conceito familiar, isto idependendo também do casamento.

Conscientize-se de que trabalho é, honestidade!

Trabalho também é, sinônimo de prazer e alegria.

Portanto, faça do seu trabalho o seu prazer!

Não se esquecendo da sua vida familiar, ou dos demais seres humanos que fazem parte do seu cotidiano...

Portanto, viva amigo!

Avante amigo, mãos à obra!

Dois

Nunca tenha medo

Você é na sua essência, corajoso, lembre-se você é um deus e, não somos nós que estamos-lhe dizendo isto, procure nas Escrituras Sagradas e encontrará que, foi Jesus Deus quem falou, afirmando categoricamente:

"Vós sois deuses, filhos do Altíssimo"

Novo Testamento da Bíblia em João 10 : 34

E... Você tem medo de quê?

O medo é o câncer da alma humana, as fobias infundadas, a paranóia que vem para lhe assolar o sucesso, execre-o de sua vida, posto que ele vem para destruir impiedosamente a sua felicidade, há dois milênios o grande sábio, Jesus, o Cristo, pregou o amor, exatamente para combater o medo, o amor é realmente a arma perfeita para combater o medo, quem ama não teme.

Porém, foi somente este sábio, foram mutos antes e depois Dele a nos exortar o amor ao próximo.

Lembre-se da Fé, ela remove montanhas.

Com a mais absoluta certeza, a fé é a maior aliada do amor, use-a, ela faz parte do seu ser, dádiva de Deus aos seres humanos.

Três

Enfrente os problemas do dia-a-dia.

Você já venceu a síndrome da segunda-feira, aprendeu a usar a consciência, é sabedor de que todos os dias são redundantemente iguais e, deixou o medo do enfrentamento de problemas pelas suas ações positivas.

Despojado do medo, terá mais sucesso do que já tem, e estará sobrepujando o receio de não dar conta do recado.

Novamente citamos os ensinamentos divinos de Jesus, nosso Mestre Maior:

"Olhai os lírios dos campos que não ceifam nem fiam, no entanto nem Salomão em toda sua glória se vestiu como um deles".

Caso você não saiba, Salomão foi o rei mais sábio e poderoso que reinou sobre Israel, povo hebraico do qual pertenceu Jesus, foi filho de Davi com Betesabá...

Mateus: 6

27 Considerai os [lírios], como crescem; não trabalham, nem fiam; contudo vos digo que nem mesmo Salomão, em toda a sua glória, se vestiu como um deles.

Adotou-se o costume até os dias atuais, de chamar o próprio Jesus de: "Jesus filho de Davi".

Mateus: 1

1 Livro da genealogia de Jesus Cristo, [filho de Davi], filho de Abraão.

20 E, projetando ele isso, eis que em sonho lhe apareceu um anjo do Senhor, dizendo: José, [filho de Davi], não temas receber a Maria, tua mulher, pois o que nela se gerou é do Espírito Santo;

Marcos: 12

35 Por sua vez, Jesus, enquanto ensinava no templo, perguntou: Como é que os escribas dizem que o Cristo é [filho de Davi]?

Lucas: 20

35 Por sua vez, Jesus, enquanto ensinava no templo, perguntou: Como é que os escribas dizem que o Cristo é [filho de Davi]?

Algumas confirmações bíblicas somente para configurar a nossa escrita, até porque estamos falando de seres que lutaram com muitos problemas desta vida.

Existe uma forma simples de você enfrentar seu dia-a-dia, veja tudo ao seu redor como simples prazer e diversão, interesse-se simplesmente como prazer qualquer ato de trabalhar, de estar com seus entes queridos, deixe a vida como ela deve ser, deslizando de acordo com a própria natureza, mesmo os seus sonhos serão verdades, realizando-se normalmente, ou seja, não esquente a sua cabeça, faça bem feito e com prazer o que tiver de fazer, e o seu futuro será brilhante.

Agindo desta forma, estará poupando aquilo que você tem de mais valioso, a sua saúde psicossomática.

Quatro

Seja humilde e analise opiniões

Diz um provérbio do rei Salomão:
"Aonde a honra vai, a humildade chega primeiro".

Provérbios: 15

33 O temor do Senhor é a instrução da sabedoria; e adiante da honra vai a [humildade].

Provérbios: 18

12 Antes da ruína eleva-se o coração do homem; e adiante da honra vai a [humildade].

Provérbios: 22

4 O galardão da [humildade] e do temor do Senhor é riquezas, e honra e vida.

Fazemos alusões aos ensinamentos bíblicos, por ser este um caminho palmilhado por uma grande massa ocidental, porém, poderíamos citar uma porção de ensinamentos semelhantes, de outros segmentos religiosos, evidenciando grandes seres humanos tais como: Gandhi – Buda – Maomé – Confúcio e muitos outros filósofos como Platão, Cícero, Sócrates etc... Os quais fizeram alusão ao maior dom dado ao homem, o amor. Que é o grande produtor da humildade.

Cinco

Nunca deixe nada para depois

A ociosidade mental é, a mais espúria e hipócrita inimiga do sucesso.

Ratificamos, é de suma importância não se preocupar com os afazeres do cotidiano, trabalhe normalmente hoje e, o amanhã será somente a conseqüência.

Este é um dos fatores mais importantes dos dias hodiernos, a velocidade descomunal que atinge e contamina nossa existência atual, está exatamente no tempo que o ser humano cronometra para o seu cotidiano.

Se você almeja o sucesso profissional, então terá de entrar na roda da ciranda mercantil atual, e um corre-corre sem trégua, e você terá de ter muita disposição, posto que se fizer exatamente do seu trabalho o seu divertimento, terá então a grande oportunidade de alcançar o sucesso, pois, estará trabalhando com amor, e nada mais vamos aventar sobre este sentimento maior desde os primórdios da humanidade.

Portanto, não deixe nada para amanhã se isto lhe for possível, mesmo porque, se fizer bem feito o seu trabalho, tudo se consumará na mais perfeita ordem.

Seis

Execute um projeto de cada vez

Você terá de usar o bom-senso para enfrentar este paradoxo...
"A pressa, é a inimiga da perfeição"
Ao se construir um edifício não se começa pelo telhado.
Chama-se máquina de terraplanagem, e começa-se pela fundação.
Brocas e bate-estacas são agitados para que se inicie a obra e, depois do edifício erguido, vem tantos detalhes, como a parte elétrica, hidráulica, acabamento etc...
A racionalização do seu trabalho é preponderante para você alcançar o sucesso profissional.
Não se esqueça, estamos na era digital e robótica, sem que você dê conta, está envolvido direta, ou indiretamente com as máquinas, não há como escapar da evolução cibernética dos dias de hoje, e ela cuida exatamente da rapidez com perfeição.
Seja dinâmico!

Sete

Agende todos os seus compromissos

Seja extremamente pontual, seja drástico e enérgico consigo mesmo.
Portanto, marque compromissos somente quando puder cumpri-los!

Falamos do tempo, pois, ele urge, todos nós estamos andando rápidos para acompanhar a modernidade, porém, não podemos trocar qualquer bem desta vida pela nossa saúde, ou pela nossa paz de espírito, então vamos pautar pelo equilíbrio, e somente conseguiremos este feito se nos organizarmos e muito bem...

Não confie na sua mente, ela é falha, então anote, organize sua agenda, e tenha paciência, siga-a a risca...

Uma falha na sua programação, irá afetar o seu prospecto, e o seu prejuízo poderá ser irreparável.

Use sua agenda!

Oito

Conserve o seu ambiente de trabalho limpo

A assiduidade fará você ser visto com olhos benignos, pois, quem quer que esteja visitando-o sentir-se-á muito bem.

Quem não gosta de ambiente limpo?

Um ambiente asseado é colírio aos olhos.

Seja contundente e contumaz consigo mesmo ao que concerne a este capítulo.

Este livro tem por título "Apresentação motivacional" – tome-o como exemplo e seja o próprio exemplo, e que a sua apresentação seja impecável, em todos os sentidos.

"Errar é humano, porém, quem erra menos lucra mais"...

Nove

Arquive seus documentos

Este mandamento é de relevada importância!

Repisamos... Existem no mercado muitas ferramentas de trabalho para você usar como arquivo de documentos.

Desde agendas pessoais a sofisticados computadores.

Arquivar é fator premente e preponderante da organização.

Este ato de arquivar é semelhante ao de agendar, pois, evita o esquecimento de fatos e atos do dia-a-dia.

É a única maneira de se evitar falhas e de dar descanso à sua mente, voltamos a bater na mesma tecla, sua mente não é um arquivo mecânico, uma caixa registradora, até é bastante semelhante, mas, o seu subconsciente é apenas um depositário muito fiel, que acaba registrando e criptografando as ocorrências e não lhe dá a senha, até por precaução que desconhecemos, posto que assim age a natureza, velando pela sua segurança psicofisiológica.

Dez

Faça uso da informática.

Queiramos ou não, ela veio para ficar e, você jamais deverá deixar de acompanhar o progresso.

Porém, não se deixe enganar, as máquinas nunca substituirão o calor humano.

Resumindo, faça uso da informática.

Jamais ignore a máquina, ela faz parte da evolução do planeta, no qual viemos habitar como se fôssemos internados numa escola chamada vida, e daqui sairemos somente quando cumprirmos um ciclo de aprendizado, como bons ou maus alunos...

A informática está inserida no contexto, e até achamos que ela irá melhorar o planeta, quando o homem conserguir ver além das máquinas e dos interesses monetários.

Aí haverá a respectiva distribuição de rendas, através de artifícios concedido por Deus, para exercitar a mente humana, a qual dominará seus próprios impulsos libidinosos, proporcionando uma sociedade mais justa e feliz.

Auditando pela informática a demografia e controlando-a, de modo que a máquina que nada pode consumir como pessoas que compram geladeiras, fogões, efim os eletrodomésticos, produzidos por ela...

Ou seja: o desemprego será desvastador, até que o homem sinta a sua insanidade, que está na grande burrice do mau uso da robótica, pois, robô não irá comprar nada de outros robôs...

Então faça uso da informática.

Onze

Pratique o relaxamento!

Sendo você um ser moderno, então está consciente de que terá de usar muita energia. - E de onde extraí-la?

Você agora é um grande repositório de problemas, e somente sendo resolutório de problemas, poderá receber seu soldo através das respectivas resoluções, seu cliente, seu empregador estão esperando de você... – E agora?

Considere este capítulo, especial, por ele você terá total domínio sobre suas atitudes e, conseqüentemente sobre as de outras pessoas.

Aproveite esse relaxamento, que o fará grande criador de situações benéficas ao seu sucesso.

Conscientize-se, você é a resolução de problemas, se vire amigo, e sucesso!

Doze

Seja observador silente

Como bem sabe, você é a solução do seu interlocutor, e deve saber, até por experiência própria, ele seu cliente, é muito carente, posto que o ser humano o é, então companheiro, terá muita psicoterapia a aplicar, esta é sua tônica, cuidar do seu semelhante, evitando magoá-lo, embora, jamais possa "agradar gregos e troianos"...

Eis, a grande arte de se fazer sucesso: Escutar com atenção e interesse sincero.

Há momento para tudo, falar é imprescindível, mas, ouvir é muito mais.

"Falar e prata – calar é ouro"

Sê paciente e tolerante para com seus contatos, e dê graças aos céus se lhe puder ser útil e deter a sua confiança de suas confidências, considere-se honrado por isso.

Fazendo uso deste capítulo estará abrindo caminho ao sucesso.

Treze

Use a criatividade latente em você

O homem é extremamente criativo, haja vista quantos inventos, quanta criatividade, benéficos e maléficos...

Estamos na Era do Ócio... Então somente nos resta a criatividade, já que estamos "ociosos", como já aventamos anteriormente, a máquina veio para usurpar o emprego humano, até por ser um fator econômico, porém, antisocial, dá para se aperceber que restará apenas a criação, aquele que for mais criativo, sobreviverá nestes dias difíceis.

Brevemente seremos enxertados à "Ciborg" uma mescla de homem máquina, como já na ciência médica isto é uma realidade, desde uma singular prótese ao coração artificial.

Serão implantados nos nossos cérebros, ou sabe-se lá onde, chips maravilhosos que nos darão informações magníficas, que nos ajudarão a criar mais e mais, posto que o nosso ferramental será fantástico.

Você nasceu para criar, a criatividade é o grande dom do ser humano, mas, a maioria ociosa espera pela criatividade da minoria.

Para todos os problemas existem soluções!

Catorze

Use a paranormalidade

Esta capacidade latente no homem supera de longe a qualquer arte ou ciência, haja vista nas religiões os milagres acontecendo com o povo bem na nossa frente através da mídia televisiva...

É a fé passando tudo e todos para trás, até pela arrogância de homens que fazem de seus títulos; deuses ensimesmados e trouxas na sua própria mortalidade.

Já falamos sobre o relaxamento profundo e o estado de espírito, pois bem, são por estes estágios que você fará o uso incontinenti da paranormalidade.

- Como serei paranormal?

- Todos somos!

É somente crer e, prestar muita atenção através dos exercícios simples de meditação profunda, entregue-se a Deus, confie e aja, se esforce para alcançar o seu desejo.

"Tudo é possível àquele que crê!".

Quinze

Seja diferente

Nada é igual a nada, somos todos desde partículas atômicas ao astros apenas congruentes, porém, jamais iguais, portanto, essa diferença é aquela positivista, que deixa você mais equilibrado diante dos problemas da vida, bastando apenas você enxergá-la como o já tão decantado divertimento que aventamos anteriormente.

Para que você seja diferente, terá de ser extremamente criativo e paranormal!

Entenda-se como paranormal, algo normal, posto que, esta qualidade pertence a todos os seres humanos, bastando crer aguerridamente em sua prática, pela meditação profunda.

Ratificamos: Jamais deixe de sonhar com o seu sucesso, seja ele qual for, sonhe...

Sonhe, e plasme o seu sucesso...

Na verdade não há uma regra exata para o sucesso, posto que existem aqueles que trazem na sua essência a visão progressiva, que muitas vezes é tachada de sorte, ou acaso.

Não podemos desdenhar os fatos, contra eles não há o que se discutir, os caminhos pelos quais se chega ao sucesso sim, este deve ser analisado, porém, não radicalmente explicado.

Para isto, existe há muito tempo os testes vocacionais, que no fundo, no fundo, também não resolve por inteiro o problema misterioso que a natureza divina reservou ao homem.

Fica mais ou menos assim, na visão do profissional-vocacional:

Digamos que, queira formar um casal perfeito sob a sua óptica pessoal, então pegue um homem de cor branca, cabelos doirados, olhos azuis, e faça o mesmo com uma mulher, com as mesmas característica no seu biótipo geral, pronto, assim grosseiramente é possível até que você, caro leitor, concorde com este profissional, porém, como diria o poeta: "a tese, na prática é outra"...

O nazismo tentou isto com a raça ariana, e deu no que deu, uma desgraça à humanidade, porém, não vamos chorar o leite derramado, o que passou, passou, lutemos para que aquela hecatombe humana não se repita.

Existe alguns provérbios populares, que jamais devemos desprezar:

"Há males que vêm para o bem"
"Querer é poder"
"Sonhar é viver"
"Tudo é possível ao que crê"

O entusiasmo, o desejo, a vontade, a crença são os alicerces do sucesso.

Note que, estes sentimentos nascem da sua mente, nada será feito se, não for criado pela mente.

Então quando desejar o mal a alguém, arrependa-se amargamente, até porque essa energia pode atrapalhar a vida desse alguém, e o retorno do seu desejo plasmado é irrestritamente certo, como encontra-se grafado na Bíblia, pelo grande apóstolo do Cristo, Paulo, na carta enviada aos gálatas:

Gálatas: 6
7 Não vos enganeis; Deus não se deixa escarnecer; pois tudo o que o homem semear, isso também ceifará.

Então mantenha sua mente impoluta, quando for realizar um negócio, e que ele seja justo segundo os desígnios divinos, por assim dizer, e que ambas as partes se beneficiem do negócio realizado.

Seja uma árvore que produz bons frutos, como ensinou o nosso mestre Jesus, e os demais luminares da humanidade, ao apregoarem o amor.

Mateus: 7
17 Assim, toda árvore boa produz [bons frutos]; porém a árvore má produz frutos maus.

Tiago: 3
17 Mas a sabedoria que vem do alto é, primeiramente, pura, depois pacífica, moderada, tratável, cheia de misericórdia e de [bons frutos], sem parcialidade, e sem hipocrisia.

Cremos na misericórdia de Deus quando se erra involuntáriamente, porém, quando se erra voluntariamente, premedita-se, estuda-se um ardil malígno no afã de prejudicar a vida do próximo, e isto tem o seu preço, como tudo tem seu prelo embasado no bem e no mal.

E, a consciência tranqüila produz o maior de todos os sucessos, que se chama: PAZ!

Esteja em paz e,

Seja feliz!

Desejamos a você caro irmão leitor, muito sucesso na sua jornada pela vida.

jbcampos.

www.ingramcontent.com/pod-product-compliance
Lightning Source LLC
Chambersburg PA
CBHW071258280526
45788CB00004B/1758